DISCOURS

PRONONCÉ EN PRÉSENCE DE MONSEIGNEUR L'ÉVÊQUE DE SÉEZ

A LA PROFESSION

DE

MADEMOISELLE JOSÉPHINE DE BLOIS

EN RELIGION, SOEUR THÉRÈSE DE St-AUGUSTIN,

CHEZ LES CARMÉLITES D'ALENÇON,

PAR M. L'ABBÉ PRUNIER

CHANOINE HONORAIRE, DIRECTEUR AU GRAND SÉMINAIRE,

LE 1ER JUIN 1891.

SÉEZ

TYPOGRAPHIE F. MONTAUZÉ, IMPRIMEUR DE L'ÉVÊCHÉ.

—

1891

DISCOURS

PRONONCÉ EN PRÉSENCE DE MONSEIGNEUR L'ÉVÊQUE DE SÉEZ

A LA PROFESSION

DE

MADEMOISELLE JOSÉPHINE DE BLOIS

EN RELIGION, SOEUR THÉRÈSE DE St-AUGUSTIN,

CHEZ LES CARMÉLITES D'ALENÇON,

PAR M. L'ABBÉ PRUNIER

CHANOINE HONORAIRE, DIRECTEUR AU GRAND SÉMINAIRE,

LE 1ᴱᴿ JUIN 1891.

SÉEZ

TYPOGRAPHIE F. MONTAUZÉ, IMPRIMEUR DE L'ÉVÊCHÉ.

—

1891

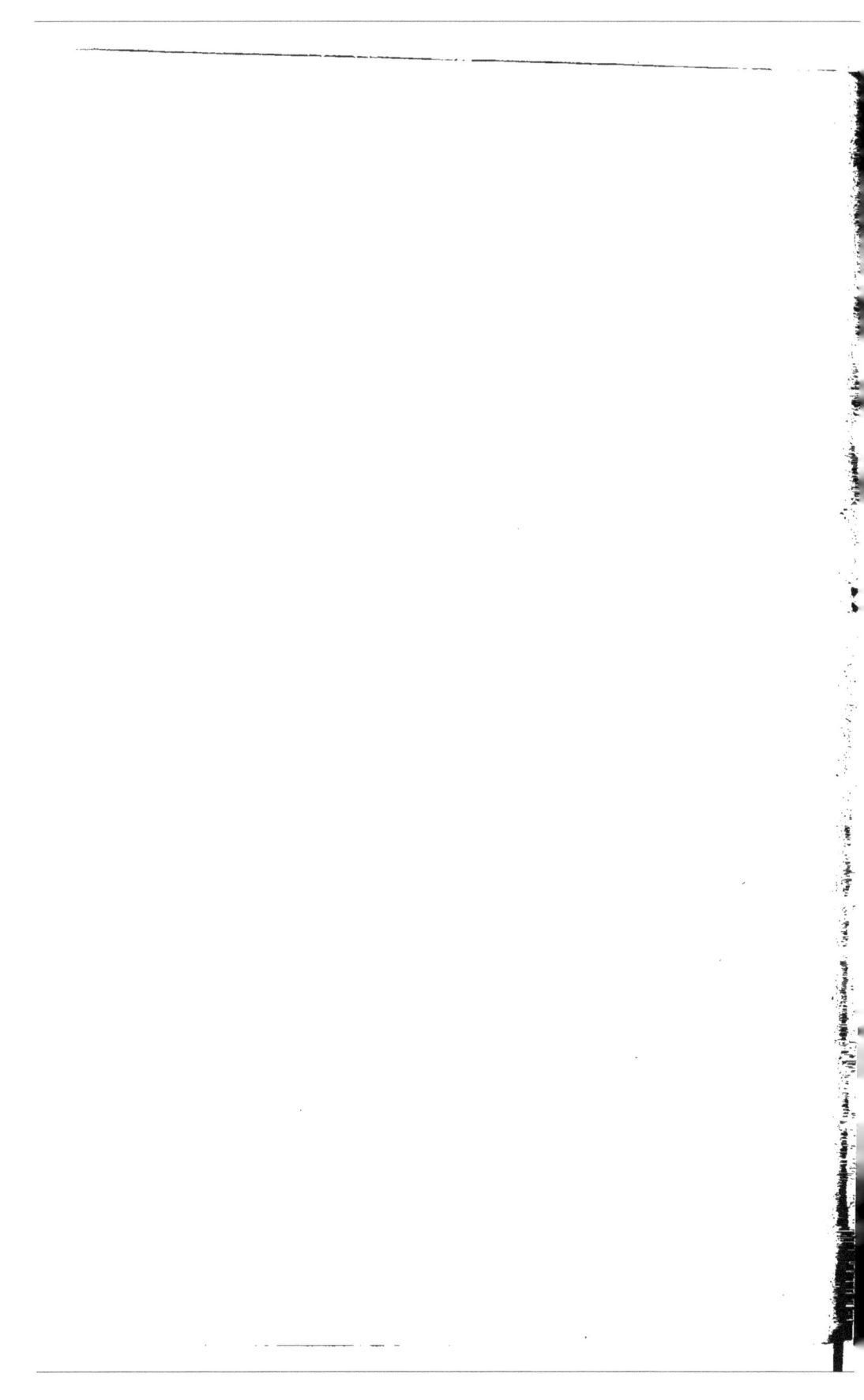

*Hostiam et oblationem noluisti ;
corpus autem aptasti mihi... Tunc
dixi : Ecce venio, ut faciam, Deus,
voluntatem tuam.*

Vous n'avez pas agréé les victimes
et les offrandes imparfaites ; mais
vous m'avez donné un corps... Et
j'ai dit : Me voici, je viens, ô mon
Dieu, pour accomplir votre volonté.
(Hebr., x, 5-7).

MONSEIGNEUR,

MA SOEUR,

MES FRÈRES,

A une âme qui se consacre à Dieu pour toujours, de quoi pourrais-je parler en ce moment, si ce n'est de la sublimité de l'état qu'elle embrasse ?

L'état religieux est parfait, parce qu'il renferme un sacrifice.

Le sacrifice est ce qu'il y a de plus grand dans la religion. C'est le terme le plus élevé de nos rapports avec le Ciel.

Pendant sa vie mortelle, Notre-Seigneur guérissait les malades, évangélisait les pauvres : c'étaient autant de miracles de bonté. Il pardonnait aux pécheurs : c'était une miséricorde plus touchante encore. Mais par tous ces bienfaits, son œuvre n'était pas achevée. Elle ne le fut que le jour où la croix s'éleva sur le Calvaire. Alors le Sauveur dit : Tout est consommé. Oui, tout était consommé, parce que le sacrifice avait été offert. Il renfermait un acte d'amour si beau et si parfait que, dans la suite des siècles, Notre-Seigneur ne cessera de faire deux choses : renouveler chaque jour son immolation au saint autel, et inviter les âmes les plus nobles et les plus généreuses à s'immoler avec Lui.

Il vous a appelée, ma Sœur. Et vous êtes venue vous offrir comme une victime pure ; comme une victime à jamais séparée du monde ; comme une victime qui sera immolée par le glaive de la charité divine. Nous méditerons ces trois pensées.

I

Dieu est la pureté et la sainteté même. La sainteté est comme le rayonnement de toutes ses perfections. En Lui, la bonté, la justice, la sagesse, la puissance sont infiniment belles, car elles sont saintes. *Saint, Saint, Saint, est le Seigneur, le Dieu des armées:* voilà le chant du Ciel. Et cet attribut de la sainteté, nous aussi, nous devons le proclamer dans le culte que nous rendons à Dieu ; nous devons le reconnaître par l'acte suprême de religion, par le sacrifice.

Les païens eux-mêmes l'avaient compris, et, dans les grandes calamités, ils cherchaient ce qu'il y avait de plus innocent et de plus pur parmi les victimes humaines, afin de l'offrir aux fausses divinités qu'ils prétendaient apaiser. Crime honteux, superstition cruelle ! mais qui nous montrent combien est profonde chez l'homme cette pensée que la pureté est nécessaire pour les sacrifices.

Dans la loi de Moïse, Dieu avait désigné la nature des victimes qui pouvaient lui être offertes, et marqué les qualités qu'elles devaient avoir pour lui être agréables. En particulier, la victime du sacrifice le plus solennel, l'agneau pascal, devait être sans aucune tache. Et faisant des reproches à son peuple, le Seigneur disait par la bouche du prophète : Si vous m'offrez ce qui est mauvais, imparfait, défectueux, languissant, n'est-ce pas une abomination devant mes regards ?

Mais avec quelque soin que l'on choisit les victimes du temple de Jérusalem, étaient-elles vraiment pures en présence de Dieu ? Qu'était la pureté des êtres sans raison ? Elle n'était rien par elle-même, mais elle représentait une réalité divine.

La voici enfin, la victime sainte et digne de Dieu. Les mains de Jésus sont attachées à la croix; et elles sont divinement pures, car elles répandirent sur la terre les bienfaits et les grâces du Ciel. Ses pieds sont cloués sur le gibet; et telle est leur pureté, que leur contact purifia les lèvres de la pécheresse qui les couvrait de baisers, après les avoir arrosés de ses parfums et de ses larmes. Son cœur est percé d'une lance; et il était pur comme le sanctuaire de la charité divine. Son sang ruisselle jusqu'à terre; et il était deux fois virginal, dans sa source, la Vierge Immaculée, et dans toute la vie du Sauveur. Le Ciel était enfin satisfait; le Saint des Saints de la Jérusalem céleste était pour toujours ouvert par le sang de l'Agneau sans tache.

Mais qui donc osera s'approcher du Fils de Dieu pour unir son sacrifice au sien ?

Un jour, ma Sœur, à une heure que vous n'oublierez jamais, une mystérieuse vision passa devant les yeux de votre foi. Quelle n'était pas sa beauté ? Son regard profond était fixé sur le Ciel. Un sourire d'ineffable paix errait sur ses lèvres. Son vêtement avait la blancheur de la neige, et autour de ses pas s'exhalait un parfum inconnu aux hommes. Sa voix était comme une divine mélodie. Vous lui demandiez quelle était sa patrie : elle vous montrait le Ciel ; son occupation et ses œuvres : elle vous disait que c'était de louer, de bénir Dieu nuit et jour. Vous désiriez savoir son nom, elle vous répondait : Je suis la virginité chrétienne.

Puis, vous interrogeant à son tour, elle vous parlait ainsi : Voulez-vous, ô enfant bénie de Dieu, être de la société dont je suis la reine : de la société qui compte les noms des Lucie, des Agnès, des Cécile, des Agathe, des Opportune, des Catherine, des Thérèse de Jésus ? Le voulez-vous ? Et dans l'ardeur de votre âme, vous disiez : Oui, je le veux, et, dès à présent, je sens que je suis à vous ; votre immaculée beauté m'a ravie pour toujours.

Mais écoutez encore, disait la voix céleste dont l'accent vous pénétrait : Pour être avec moi il faudra, dans un corps de fange, ne point vivre selon la chair, *in carne ambulantes, non secundum carnem milita-mus*; il faudra, étant fille d'Adam, vivre de la vie des Anges, et avoir par grâce et par vertu ce qu'ils ont par nature ; il faudra vivre cachée en Dieu, *vita vestra*

est abscondita cum Christo in Deo; bien plus, il faudra passer aux yeux du monde pour une crucifiée, et
regarder le monde comme crucifié pour vous, *mihi
mundus crucifixus est, et ego mundo;* enfin il faudra descendre au tombeau avec Jésus, *consepulti estis
cum Christo.... in mortem.* Aurez-vous la force d'en
venir là? Et ces questions ne faisaient qu'enflammer votre
courage. Votre cœur était dégagé de la terre. Et au ciel,
et en ce monde, il n'y avait plus qu'un objet devant vos
yeux : l'éternelle beauté qui avait fixé vos désirs.

A son tour, Jésus-Christ, de sa voix si grave, et en même
temps si douce et si persuasive, vous fit entendre cette parole :
Que celui qui veut venir après moi se renonce ; qu'il prenne
sa croix et me suive. Il vous appelait à marcher sur ses pas.
Or, vous savez où l'on va, lorsque portant la croix, on suit
les traces de Jésus. On va au Calvaire, à l'immolation. La
grâce avait créé en vous l'innocence et la pureté, afin que
vous fussiez trouvée digne d'être offerte à Dieu comme la
victime de son choix.

I I

Dès lors, il fallut que la séparation se fit pour vous.

Dans l'Ancienne Loi, lorsqu'un homme voulait offrir un
sacrifice, il conduisait la victime à l'entrée du temple. Le
prêtre venait en prendre possession par l'imposition des
mains. Désormais elle était separée ; elle n'était plus pro-
fane, mais sacrée : elle appartenait à Dieu.

Image vive du Sauveur. C'est lui qui est la vraie et

grande victime separée du monde. Il en est séparé par sa naissance miraculeuse, par sa sainteté, sa doctrine, sa mission, sa qualité de médiateur et d'holocauste pour le péché.

Et vous aussi, vous avez été séparée du monde. Je ne dis pas assez : car elles n'étaient pas du monde ces compagnes et ces amies de votre âge, avec lesquelles vous aimiez à prier ou au pied du tabernacle, ou dans les sanctuaires bénis de la Reine des Vierges. Et pourtant, Dieu vous a éloignée d'elles. Elle n'était pas du monde, cette famille qui versait des larmes lorsque vous sortiez de la maison paternelle, pour n'y plus retourner jamais. La main de Dieu vous en séparait. Ils n'étaient pas du monde ces pieux parents dont vous faisiez la joie ; par l'éducation chrétienne qu'ils vous avaient donnée, ils préparèrent à leur insu votre vocation. Une force divine irrésistible vous arrachait à leur tendresse.

Ah ! fussent-ils ici présents, je n'en dirais pas moins ces choses : car leur foi, je le sais, est assez forte pour les entendre.

L'histoire de l'Eglise rapporte que dans une persécution, une femme suivait sa fille qui était conduite au martyre. En voyant le sang couler, elle leva les mains au ciel, et laissa échapper ce cri : Ah ! mon Dieu ! c'est mon sang que je vous offre. Vraie parole de mère ! Quand la lance du soldat ouvrit la poitrine de Jésus, dit S. Bernard, elle n'y rencontra plus la vie ; mais elle y trouva le cœur de la Sainte Vierge, et le transperça. Telle est la loi de l'amour maternel : il n'y a point de glaive, fût-il en la main divine, qui puisse atteindre les enfants sans passer par le cœur de leurs mères.

Oui, ma Sœur, au moment où votre sacrifice s'accomplit, je crois entendre une voix qui dit : Mon Dieu, c'est ce que j'ai de plus cher, c'est mon sang et ma vie que je vous offre.

Eh bien ! si celle qui parle ainsi vous est unie dans le sacrifice, elle vous est unie aussi dans l'honneur et la gloire.

S. Grégoire de Nazianze, en son poème *de la Virginité*, nous représente une mère s'entretenant avec sa fille. Elles vantent tour à tour leurs privilèges réciproques, à qui l'emportera. La mère ne peut retenir ce mot de tendresse : Voyez quelle n'est pas ma dignité, puisque vous, si belle et si vertueuse, vous me devez le jour. A quoi la jeune vierge répond : Quelle n'est donc pas ma gloire, puisque vous regardez ma vertu comme votre diadème.

Des juges les écoutent, et ne savent à laquelle des deux donner le prix. La vierge était prête à déposer sa couronne aux pieds de sa mère en lui disant : Je vous la dois. Mais Jésus-Christ, survenant, donne la main droite à son épouse, la main gauche à la mère, marquant ainsi qu'il les associe dans un commun triomphe.

Et S. Grégoire ajoute : Pour la mère, le partage était très beau encore.

La même scène se renouvelle sous nos yeux : offrant sa droite à l'épouse qui vient à Lui, le Fils de Dieu présente l'autre main à la mère de cette noble enfant. Ne dira-t-elle pas : Mon partage est bien beau encore ?

C'est ainsi que notre Dieu sait payer les sacrifices et les séparations.

Mais son amour est-il satisfait, ma Sœur, après vous avoir séparée de votre famille ? Non, il veut davantage. Car enfin, il est une loi écrite aux premières pages de notre Livre sacré, d'après laquelle l'homme, pour s'attacher à une vie semblable à la sienne, doit quitter son père et sa mère. Pour s'attacher au Roi du Ciel, il faut quelque chose de plus. Quoi donc ? Se quitter soi-même : *abneget semetipsum.*

Déjà une première fois, vous aviez déclaré que vous vouliez être à Jésus-Christ. Vous fûtes alors revêtue de l'habit religieux. Vous portiez dans le monde un nom dont, à juste titre, vous pouviez être fière. Votre pays est l'honneur de la France catholique. N'est-il pas vrai, mes Frères, qu'ici même, je puis faire cet éloge de la Bretagne ?

Parmi ses fils les plus généreux, elle avait choisi un évêque pour notre Eglise, voici qu'elle donne des vierges aux cloîtres du diocèse de Séez. Comment ne lui serions-nous pas reconnaissants ?

Il est beau de porter un nom qui est, pour ainsi dire, la vivante expression du caractère chrétien de ce pays, et de sa foi ferme comme le granit sur lequel il repose.

Ce nom, pourtant, vous l'avez quitté, afin d'en recevoir un autre plus beau encore. Dans notre religion, dit S. Grégoire de Nysse, qui que nous soyons, savants ou ignorants, riches ou pauvres, nobles ou plébéiens, nous portons tous le même nom de chrétiens, marque de notre noblesse divine. Le nom nouveau que vous avez reçu en religion, ma Sœur, est pour vous plus qu'un titre de noblesse divine, il exprime votre incomparable dignité d'épouse du Roi du Ciel.

Ainsi, à mesure que vous donniez, il vous était rendu au centuple.

Et vous êtes allée, de renoncements en renoncements, jusqu'à la séparation d'avec vous-même. Voici que pour toujours vos yeux sont fermés par la sainte modestie ; vos oreilles n'entendront pas le langage de la terre ; vos lèvres sont closes par le silence de la règle ; vos mains n'auront d'action que par l'obéissance ; vos pas ne vous porteront que là où la règle du Carmel aura marqué votre place. En un mot, vous n'aurez plus votre corps que pour en faire une victime de pénitence, votre volonté et votre cœur que pour les livrer sans réserve à Jésus. Vous lui appartenez ; il étend sa main pour vous prendre en sa possession. Votre première vie est passée ; quelque chose de vous est à jamais fini, enseveli ; n'ayant plus rien qui vous rattache au monde, vous êtes toute à Dieu.

III

Mais quel glaive a frappé ce coup qui atteint jusqu'aux profondeurs de la vie ?

Terrible était la sentence portée par Dieu contre l'homme devenu pécheur : Vous mourrez de mort. Pourtant si épouvantable que fût le châtiment, il restait une ressource dans le cœur humain. Le Créateur l'avait fait si noble et si grand ! L'homme pouvait s'emparer du châtiment et le retourner vers Dieu en un acte d'amour suprême. Oui, l'homme pouvait dire à celui qui le frappait : Seigneur, vous voulez mes travaux, je les accepte ; mes larmes, je les bénis; ma destruction, je m'y soumets ; ma mort, je l'invoque et l'appelle. Je veux mourir, afin que ma volonté soit conforme à la vôtre. Je veux mourir, parce que la mort sera l'expiation de ma faute. Je veux mourir, enfin, parce que, ainsi, je vous prouverai mon amour. Vous m'avez tout donné, vous m'avez comblé de biens ; et j'ai été ingrat. Mais, dans mon malheur, il est une chose que je puis encore faire pour vous, et que vous ne sauriez faire pour moi : je puis me sacrifier et mourir.

Cet acte d'amour était si beau, que Dieu en fut jaloux. Immortel par sa nature, il prit la nôtre, afin de pouvoir souffrir et mourir pour nous.

Il y aura donc une lutte de générosité entre Dieu et ses créatures. Le Sauveur renouvellera chaque jour le mystère de sa mort au saint autel ; car elle est le chef-d'œuvre de sa tendresse. Et chaque jour aussi, en venant parmi nous, il rencontrera des vies pures, toujours avides de s'immoler avec Lui.

Quelqu'un demandait à une jeune personne, au moment où elle entrait au couvent : Qu'allez-vous donc chercher au Carmel ? Elle répondit sans hésiter : J'y vais chercher la souffrance.

Oui, la religieuse veut la souffrance, parce que la grâce a créé dans son âme un immense besoin d'aimer son Dieu ; et souffrir, c'est le grand moyen de prouver que l'on aime.

Des hauteurs de la foi où habite votre pensée, ma Sœur, vous avez vu Jésus-Christ pauvre à Bethléem ; et vous avez été captivée par le désir de la pauvreté, comme d'autres le sont par la soif des richesses. Vous avez vu Jésus-Christ dans les travaux et les fatigues; dès lors, pour vous, plus de repos. Vous l'avez vu dans l'abaissement et les humilia- tions ; un invincible attrait vous a poussée à le suivre dans ce chemin. Vous l'avez vu portant sa couronne d'épines ; et vous avez eu l'ambition de sentir sur votre tête ce diadème qui vous paraissait plus beau que la couronne des rois. Vous avez vu Celui que vous aimez couvert de plaies et de sang, mourant dans les tourments ; cette vue a fait à votre âme une blessure qui ne se fermera jamais. D'autres ne peuvent vivre sans les joies et les plaisirs de la terre ; vous ne sauriez vivre que par le renoncement et le sacrifice. Vous ne sauriez vivre sans mourir chaque jour à vous- même, *quotidie morior.* Là seulement vous trouverez le repos, en vous unissant à cet amour divin qui vous a tout ravi pour vous rester seul en partage.

Oui, unie à l'immolation de Jésus-Christ, vous l'êtes pour toujours.

Lorsque Abraham s'apprêtait à immoler son fils, une voix du Ciel lui dit : Ne faites pas de mal à l'enfant ; maintenant, je sais que vous craignez Dieu. Et le saint Patriarche, détournant la tête, aperçut non loin de lui un bélier. Il le prit et l'immola à la place de son fils. C'était une substitution de victime.

Ici il se fait, non une substitution, mais une association de sacrifice. J'ose le dire, ma Sœur, votre immolation est unie au sang du Calvaire, au sang de l'autel. Votre divin Epoux s'empare de votre sacrifice pour le diviniser. Et l'offrant à son Père, il lui dit : Agréez en holocauste cette vie qui est ma vie et ce sang qui est mon sang, car le même amour qui me conduisit au Calvaire a conduit aujourd'hui cette enfant à votre autel.

Parce que l'holocauste de la vie religieuse est l'œuvre de l'amour, il est la force et la gloire la plus pure de l'Eglise. Un impie de notre siècle a écrit ces paroles : « Sainte Thérèse fit plus à elle seule pour empêcher le protestantisme de pénétrer en Espagne que S. Ignace de Loyola et toute la Compagnie de Jésus. » Ce n'est pas le moment d'examiner ce qu'il y a de vrai ou de faux dans cette assertion. Ce qui est certain, c'est que la grande Carmélite avait dans l'âme toute l'abnégation et toutes les énergies de l'amour. Et là est le secret du triomphe, parce que là il y a une force divine.

Il est un monde impie qui affecte de dédaigner et de mépriser les cloîtres. En réalité, il a pour ces saintes retraites beaucoup plus de haine que de mépris ou de dédain. Cette haine surprend d'abord. Et cependant elle est facile à comprendre. Faire oublier Jésus-Christ, jeter à bas la croix, c'est le rêve du prince de ce monde. Et voici qu'il se trouve en présence d'âmes dont l'amour pour Jésus est fort comme la mort, *fortis est ut mors dilectio*. Voici qu'il se trouve en présence de vies toutes pénétrées du mystère de la croix, ambitieuses de le continuer, et d'achever par la pénitence ce qui manque aux souffrances du Sauveur, *adimpleo ea quæ desunt passionum Christi*. Que peut la vaine sagesse du monde contre cette sainte folie de la croix ? Que peut la haine du monde contre l'Eglise défendue par l'héroïque amour de ses enfants ?

Or, au premier rang, parmi ceux qui ont au cœur le dévouement à la cause du Christ, et la passion de mourir pour son triomphe, se trouvent les filles de sainte Thérèse. Il est donc naturel que l'impiété les poursuive de sa haine. Mais nous, nous éprouvons le besoin de leur dire : Dans nos épreuves, vous êtes notre consolation, et dans nos humiliations, vous êtes notre gloire : *Tu lætitia Israel, tu honorificentia populi nostri.*

Telle est, ma Sœur, la grandeur de votre mission, la sublimité de votre vocation. Vous le saviez, et c'est avec des transports de joie que vous y êtes entrée.

Déjà, avant cette auguste cérémonie, vous avez, selon l'usage du Carmel, fait votre sacrifice, tandis que le prêtre offrait la Victime éternelle. Mais dites-nous les sentiments qui remplissent votre cœur, et chantez votre joie : « Mon « amour, c'est mon Christ Jésus. Je suis l'épouse de Celui « qui a la Vierge pour Mère. Sa voix fait entendre à mon « oreille de tout divins accords. Si je l'aime, je suis chaste ; « si je le touche, je suis pure ; si je le possède, je suis vierge. « Il a passé à mon doigt un anneau : il m'a ornée d'un « collier magnifique. »

Ce cantique que vous commencez aujourd'hui sur la terre est un prélude ; vous le continuerez au Ciel.

Au Ciel, vous serez séparée encore. Mais soyez sans crainte ; vous ne serez plus séparée par l'éloignement de ceux qui vous sont chers. Vous serez séparée comme les reines le sont du peuple, par le diadème qu'elles portent et l'honneur qui les entoure.

Voici, dit le Prophète de l'Apocalypse que j'entendis au Ciel des voix mélodieuses. Je demandai quels étaient ces chants. Et il me fut répondu : C'est le chant des Vierges ; elles seules peuvent le dire, et elles suivent l'Agneau partout où il va. Votre virginité vous assure donc une place de choix dans la patrie ; d'ineffables et toutes spéciales jouissances, dont le chant connu des vierges seules est l'expression.

Ce chant, dont nous allons entendre les premiers accents, vous le redirez chaque jour au milieu de vos travaux, et il les allégera ; au milieu de vos épreuves et de vos peines, et il les consolera ; au milieu des austérités du cloître, et il vous les fera paraître pleines de douceur. Il sera sur vos lèvres encore à vos derniers instants comme un chant d'espérance. Il sera au ciel votre action de grâce éternelle. Ainsi soit-il.

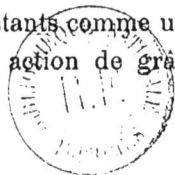

Séez. — Typographie F. Montauzé.

66

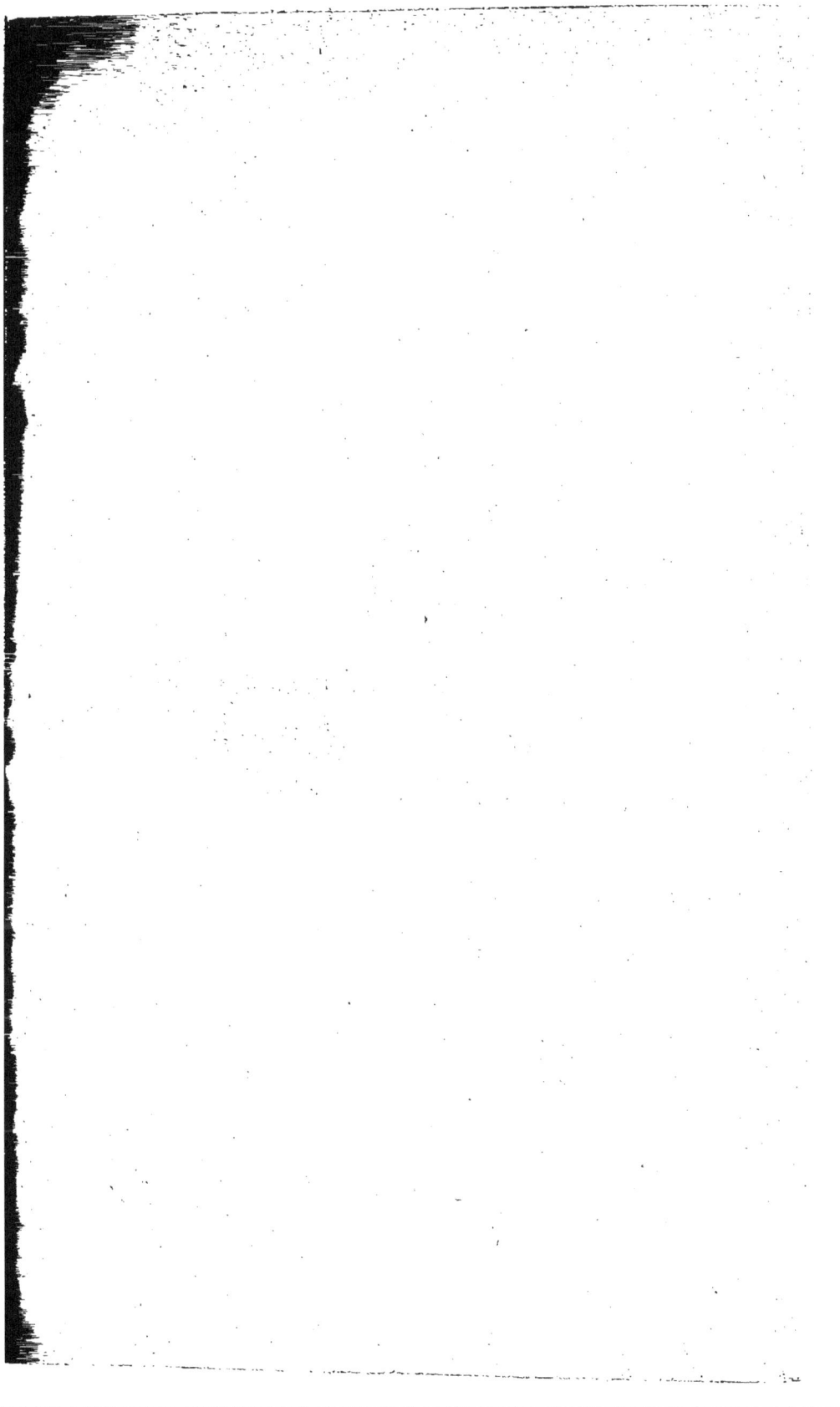

www.ingramcontent.com/pod-product-compliance
Lightning Source LLC
Chambersburg PA
CBHW061809040426

42447CB00011B/2566